Remèdes naturels
pour affronter l'hiver

F1RST
ÉDITIONS

ISBN : 978-2-412-09711-3
Dépôt légal : octobre 2024
Imprimé en Chine

Mise en page : Nord Compo

Éditions First, un département d'Édi8
92 avenue de France
75 013 Paris – France
01 44 16 09 00
firstinfo@efirst.com
www.lisez.com

Sommaire

Mode d'emploi des bouillottes

Attention ! Informations à lire et à conserver.

Chauffer uniquement dans un four à micro-ondes. Seuls les adultes doivent utiliser le four à micro-ondes. Les éléments chauffés peuvent provoquer des brûlures ou des incendies. Tenir éloigné du feu.
Respecter les temps et les puissances de chauffage indiqués :

<table>
<tr><th>Puissance</th><th>Durée max</th></tr>
<tr><td>600-800W</td><td>13 secondes</td></tr>
<tr><td>801-1000W</td><td>9 secondes</td></tr>
<tr><td colspan="2">Réchauffer uniquement lorsque l'élément
est à température ambiante</td></tr>
</table>

Vérifiez la puissance de votre micro-ondes avant utilisation. Dans le cas où la puissance n'est pas indiquée sur le micro-ondes, se référer au manuel du micro-ondes pour appliquer la puissance correspondante. Ce temps doit prendre en compte la puissance maximale disponible sur les fours à micro-ondes.

Ne dépassez pas le temps de chauffage recommandé car la température peut augmenter après retrait du micro-ondes et provoquer des brûlures ou des incendies.
Attention ! Réchauffer uniquement lorsque l'élément est à température ambiante. Il peut prendre 1 heure pour refroidir à température ambiante. Si le temps de chauffage est dépassé, ne réchauffez pas jusqu'à ce que la température ait refroidi.
Posez la bouillote sur une assiette propre et sèche allant au micro-ondes. Répartir les granules uniformément
Inspecter à intervalles réguliers pour prévenir d'éventuelles dégradations. Le jouet est destiné à des fins de jeu uniquement, et ne doit pas être utilisé à des fins médicales ou pour un quelconque inconfort.
Après chaque utilisation, stocker dans un endroit frais et sec.
Composition : 100 % polyester - billes d'argile.
Laver à froid, à la main. Blanchiment interdit. Lavage à sec non autorisé. Ne pas repasser. Ne pas mettre au sèche-linge.

Remèdes pour affronter l'hiver

Bain relaxant (préparer un)

5 CUIL. À SOUPE D'ARGILE VERTE EN POUDRE
5 CUIL. À SOUPE DE GROS SEL DE MER
NON RAFFINÉ – 5 CUIL. À SOUPE
D'ALGUES EN POUDRE – EAU

Remplissez votre baignoire d'eau tiède, puis ajoutez-y, en mélangeant bien, l'argile verte, le gros sel de mer et la poudre d'algues. Plongez-vous aussitôt dans ce bain relaxant et profitez-en tant que l'eau est à température agréable. Ensuite, sortez du bain et séchez-vous.

Bon à savoir : idéal après une journée stressante ou harassante, ce bain sera d'autant plus relaxant que ses composants seront de bonne qualité : la meilleure poudre d'argile verte, du sel non raffiné… Il vous fera alors oublier toute la fatigue physique ou mentale accumulée pendant la journée.

Coup de froid (lutter contre un)

JUS DE CITRON

Inutile d'attendre : il faut enrayer le coup de froid avant qu'il ne dégénère. Pour cela, buvez, jusqu'à amélioration, un grand verre de jus de citron bien chaud.

Déminéralisation (combattre la)

JUS DE CITRON – 1 ŒUF ENTIER

Pour combattre la déminéralisation et ses méfaits sur la santé, versez un œuf – avec sa coquille , sans le casser – dans un verre. Couvrez largement de jus de citron et laissez macérer pendant 12 heures (ou toute une nuit). Buvez ensuite le liquide obtenu.

Bon à savoir : pour que ce traitement soit efficace, procédez par cures de 2 à 3 semaines, à raison d'un verre chaque matin.

Digestion (faciliter la)

1 CUIL. À CAFÉ DE MIEL – LE JUS D'½ CITRON
20 CL D'EAU TIÈDE

Vous avez régulièrement du mal à digérer vos repas ? Le réflexe est souvent de se ruer sur certaines pastilles ou solutions buvables disponibles sans ordonnance dans les pharmacies. Très mauvais réflexe ! Surtout lorsque l'on sait que la plus célèbre suspension buvable censée aider à digérer et apaiser les brûlures d'estomac connaît de nombreuses contre-indications (elle doit impérativement être évitée par les femmes enceintes et les personnes souffrant d'insuffisance rénale. D'autre part, certains de ses excipients d'origine chimique présentent de sérieux risques allergènes) et autant d'effets indésirables (perturbations du transit intestinal, constipation ou, au contraire, diarrhée, baisse des phosphates dans le plasma sanguin).

Pour éviter les risques présentés par ce genre de médications chimiques, rien ne vaut un remède naturel. Environ un quart d'heure avant de prendre un repas, buvez un verre d'eau tiède additionné de jus de citron et de miel. Très efficace et sans danger pour la santé !

Bon à savoir : pour ce remède, les miels de citronnier, de thym ou de romarin sont à privilégier. Astuce supplémentaire : si vous êtes sujet aux difficultés digestives, remplacez immédiatement le sucre blanc raffiné et industriel par du miel dans toute votre alimentation. Vous constaterez, outre un plus grand plaisir gustatif, une réelle amélioration digestive.

Extinction de voix (traiter une)

1 CUIL. À SOUPE DE MIEL – 20 CL D'EAU TIÈDE

En cas d'extinction de voix, prenez un verre d'eau tiède additionnée de miel. Effectuez plusieurs prises quotidiennes, jusqu'à amélioration.

Bon à savoir : il existe une variante à ce remède. Vous pouvez aussi avaler chaque matin 1 cuillerée à soupe de miel, laissez-la descendre lentement le long de la gorge. N'avalez surtout pas trop rapidement. Poursuivez également ce petit traitement naturel jusqu'à amélioration.

Fatigue (soulager la)

3 CUIL. À SOUPE D'ARGILE EN POUDRE
1 POIGNÉE DE GROS SEL DE MER GRIS

Pour combattre la fatigue passagère, plongez-vous dans un délicieux bain chaud enrichi d'argile en poudre et d'une généreuse poignée de gros sel de mer gris. Profitez de ce bain tant que l'eau est à température agréable, puis rincez-vous et séchez-vous.

Fièvre (soulager la)

LE JUS D'½ CITRON – 10 CL D'EAU
MIEL LIQUIDE (FACULTATIF)

Vous avez de la fièvre ? Chaque jour, jusqu'à amélioration, buvez plusieurs verres de la préparation composée de jus de citron et d'eau. Ajoutez éventuellement un peu de miel liquide, en fonction de votre goût.

Fortifiant (préparer un)

½ CUIL. À CAFÉ DE VINAIGRE DE CIDRE
1 CUIL. À CAFÉ DE MIEL – 20 CL D'EAU TIÈDE

Vous devez faire face à un excès de fatigue passager ? Ou à du stress ? Préparez-vous un fortifiant naturel qui va vous rebooster en un clin d'œil ! Dans un verre d'eau tiède, mélangez le vinaigre de cidre et le miel. Buvez aussitôt. Répétez ce petit traitement tout simple chaque jour, à raison de 2 à 3 prises quotidiennes, jusqu'à amélioration.

Bon à savoir : pour une efficacité maximale, prenez ces verres de fortifiant environ un quart d'heure avant les repas.

Lèvres gercées (prévenir les)

HUILE D'OLIVE VIERGE EXTRA

Dès que le mauvais temps est annoncé, et surtout si vous avez les lèvres fragiles, pensez à passer chaque matin un peu d'huile d'olive sur vos lèvres. Non seulement c'est délicieux au goût mais, en plus, cela évitera à vos lèvres de gercer. Procédez de la même manière le soir, avant d'aller dormir.

Lèvres gercées (soigner des)

MIEL

Vous avez les lèvres gercées ? Appliquez-leur, chaque soir avant d'aller dormir, un petit peu de miel. Poursuivez ce traitement quotidiennement, jusqu'à amélioration.

Bon à savoir : il faut noter que ce traitement est valable pour traiter des gerçures qui apparaissent sur les lèvres, mais pas sur d'autres parties du corps.

Mains gercées (soigner des)

JUS DE CITRON – GLYCÉRINE
SÉRUM PHYSIOLOGIQUE

Si vous avez les mains gercées, préparez une lotion apaisante et soignante en mélangeant à parts égales du jus de citron, de la glycérine et du sérum physiologique. Transvasez cette préparation dans un flacon et utilisez-la chaque soir pour soigner vos mains abîmées.

Bon à savoir : n'oubliez pas de bien secouer le flacon avant chaque utilisation. Le sérum physiologique se trouve en pharmacie.

Mal de gorge (soigner un)

1 CUIL. À CAFÉ D'ARGILE BLANCHE EN POUDRE
20 CL D'EAU TIÈDE

En cas de mal de gorge, effectuez des gargarismes d'argile blanche diluée dans un verre d'eau tiède. Procédez de cette manière chaque jour, trois fois par jour, jusqu'à amélioration.

Bon à savoir : si vous sentez que ce traitement naturel provoque quelques irritations, arrêtez-le aussitôt et remplacez-le par des cataplasmes d'argile chauds autour du cou, à raison de 2 à 3 cataplasmes quotidiens, jusqu'à soulagement.

Nez bouché (dégager le)

1 CUIL. À CAFÉ DE BICARBONATE DE SOUDE
EAU TIÈDE

Nul besoin de recourir à des médications chimiques pas toujours efficaces pour dégager un nez bouché ! Voici plutôt un remède à la fois naturel et infaillible : versez de l'eau tiède dans un bol, diluez-y le bicarbonate de soude, posez le bol sur le bord d'un évier et penchez-vous au-dessus. Bouchez une narine, aspirez un peu du mélange avec l'autre narine. Laissez retomber l'eau aspirée dans l'évier. Réitérez l'opération avec l'autre narine. Répétez plusieurs fois d'affilée, jusqu'à amélioration.

Rhume (préparer un bain contre le)

4 CUIL. À CAFÉ DE FLEURS DE LAVANDE SÉCHÉES
2 CUIL. À CAFÉ DE FEUILLES D'EUCALYPTUS SÉCHÉES
4 CUIL. À CAFÉ DE ROMARIN SÉCHÉ
1 BONNE PINCÉE DE GINGEMBRE MOULU
1 L D'EAU

Préparez une infusion : faites chauffer une casserole d'eau jusqu'à ébullition, plongez-y la lavande, l'eucalyptus et le romarin. Remuez légèrement jusqu'à ce que les diverses plantes dégagent leurs arômes. À ce moment, incorporez le gingembre. Mélangez bien et laissez tranquillement infuser le tout jusqu'à ce que l'eau devienne foncée. Laissez alors reposer la préparation pendant quelques minutes, puis transvasez cette infusion dans un récipient en verre. Versez-en un peu dans l'eau chaude de votre bain et profitez de celui-ci tant que l'eau est à température agréable.

Bon à savoir : ce remède permet de décongestionner le nez et les bronches et, par voie de conséquence, d'améliorer naturellement la respiration. Avant de la mettre dans l'eau de votre bain, vous pouvez éventuellement filtrer la préparation, mais cela n'a rien d'obligatoire. La lavande est utilisée ici pour ses propriétés antimicrobiennes et antiseptiques, l'eucalyptus pour ses vertus antiseptiques (pour les voies respiratoires) et le romarin pour son pouvoir revitalisant et expectorant. Le gingembre aide à soulager rhume, toux et tous les autres problèmes liés à un refroidissement.

Teint (redonner de l'éclat au)

JUS DE CITRON – EAU TIÈDE

Pour conserver un teint éclatant, ou pour le retrouver, buvez chaque matin un verre d'eau tiède additionnée de jus de citron. Imparable !

Bon à savoir : vous constaterez en principe les premiers effets bénéfiques de cette petite astuce 100 % naturelle au bout de 10 à 15 jours seulement. L'idéal est de poursuivre ce traitement en cure de 2 à 3 semaines.